湖北省博物館
HUBEI PROVINCIAL MUSEUM

湖北省博物馆少儿绘本丛书

博物馆里的节日

重阳节

主编 钱 红

WUHAN UNIVERSITY PRESS
武汉大学出版社

前　　言

越来越多的小朋友走进博物馆，爱上博物馆，爱上博物馆里的文物故事。为此，我们精心打造了《博物馆里的节日》，将14个传统节日、7个公历节日，分别与湖北省博物馆里的21件文物瑰宝链接起来。我们精心设计了湖北省博物馆的文物守护精灵“北北”，还有她的好朋友“湖湖”，让他们带着大家一起穿越时光，了解每个节日的由来；体验每个传统节日的习俗，这些习俗都是中华民族在漫长的历史长河中不断凝聚的宝贵财富，值得我们传承；配上了与文物相关的成语故事、神话故事或历史故事；设置了有趣的“互动问答”，让小朋友在轻松愉快的氛围中学习科普知识。小朋友还可以邀请家长扫描书中的二维码，拓展更广阔的“悦读”空间，了解更多的传统文化，让先民留给我们的精神财富得以传承和弘扬。

钱红

2022年11月

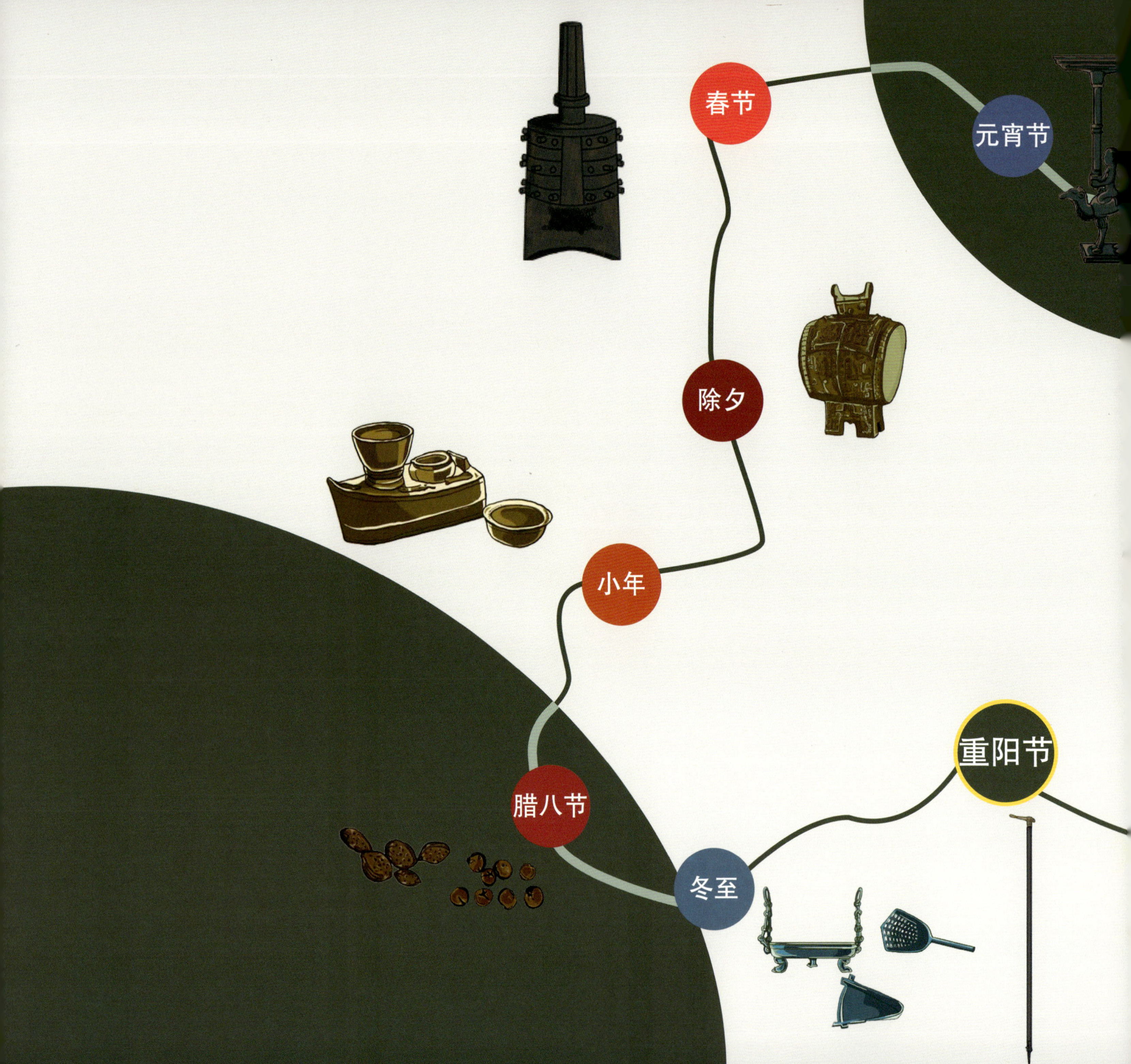
春节
元宵节
除夕
小年
腊八节
冬至
重阳节

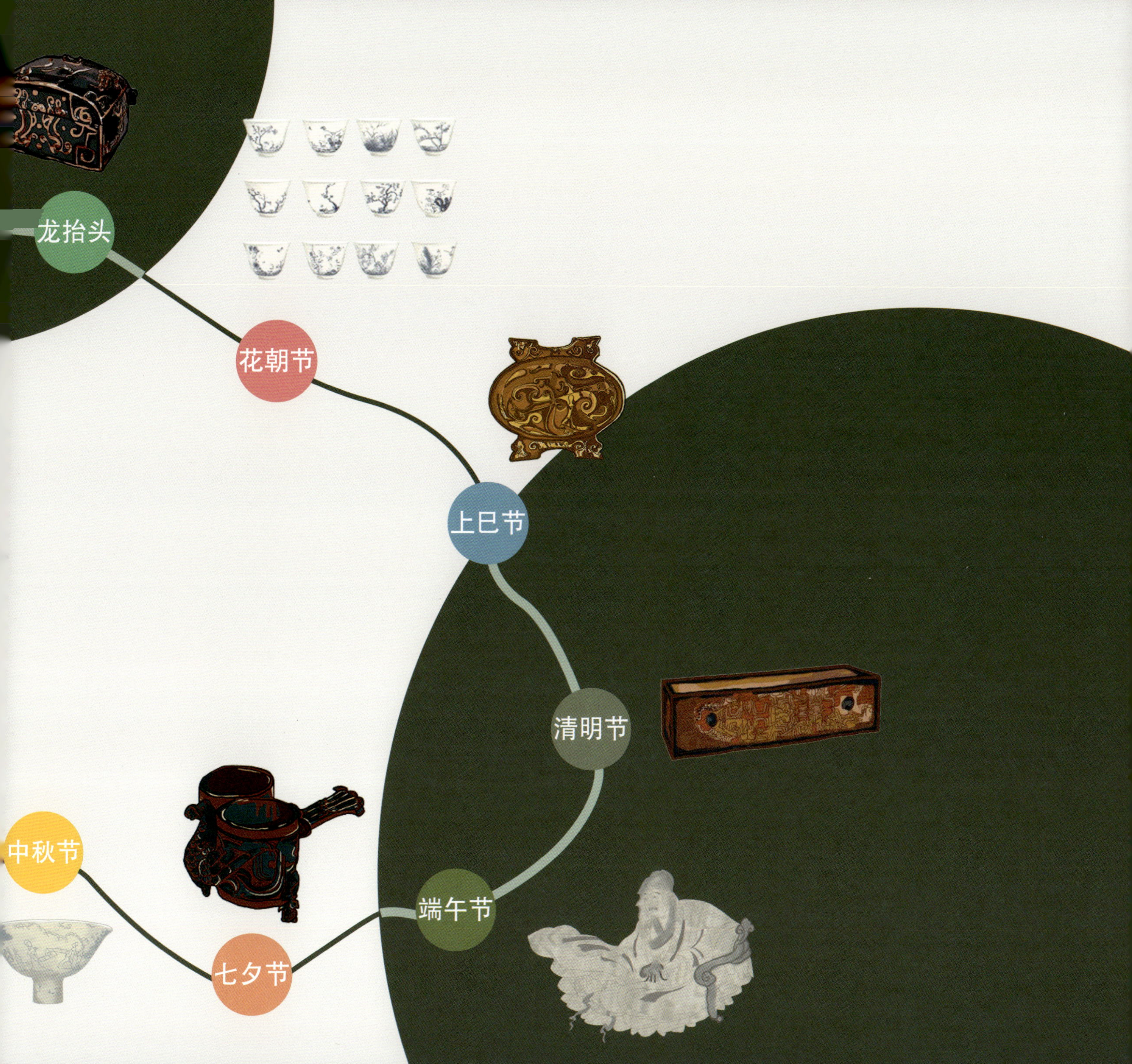
龙抬头
花朝节
上巳节
清明节
端午节
七夕节
中秋节

你好！我叫北北，是湖北省博物馆的文物守护精灵。我可以穿梭时光，带你体验不一样的博物馆节日氛围。旁边是我的好朋友——湖湖。

我们都喜欢湖北省博物馆里的文物，也喜欢听文物背后的故事！这些故事和我们传统节日也有关哦！

每逢佳节倍思亲

——重阳

他好像很难过，是因为家人不在他身边吗？

九月九日忆山东兄弟

（唐）王维

独在异乡为异客，每逢佳节倍思亲。
遥知兄弟登高处，遍插茱萸少一人。

古诗知识拓展

节日由来

重阳节是农历九月初九，又称晒秋节、登高节。古人把“九”定为阳数，九月九日两九相重，所以叫“重阳”。“九九”谐音“久久”，有长寿、长久的意思，所以重阳节慢慢演变成为“敬老节”。

爷爷！水温合适吗？

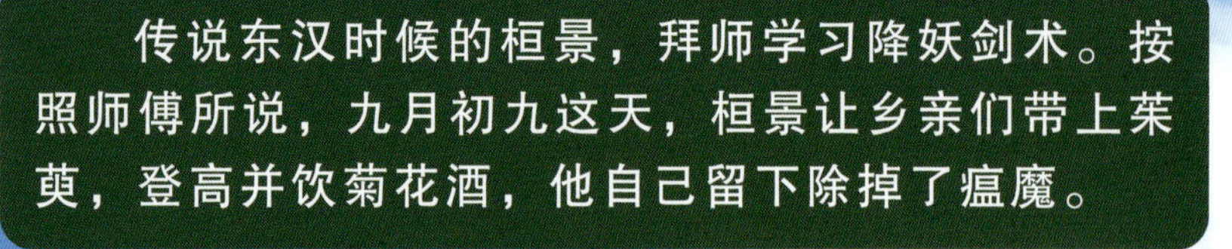

传说东汉时候的桓景，拜师学习降妖剑术。按照师傅所说，九月初九这天，桓景让乡亲们带上茱萸，登高并饮菊花酒，他自己留下除掉了瘟魔。

节日习俗

年复一年，重阳节有了登高避疫、遍插茱萸、喝菊花酒等习俗，另外还有吃重阳糕、赏菊、祭祖、晒秋等活动，传承至今，重阳节又添加了尊老敬老的新内涵。

喝菊花酒

重阳糕

重阳糕的“糕”与“高”同音，象征着“步步高升”的美好祝福。

晒秋

节日习俗知识拓展

文物链接

龙首杖

1986 年出土于荆门包山楚墓，可能是死者生前接受的封爵之物，是象征地位和权力的“爵杖”。

文物知识拓展

成语故事
几杖之礼："几杖"，指凭几和手杖，都是老者所用，古代常作为敬老的物品，也借指老人。几杖之礼是对有德行的老者的礼仪，表示对老者的敬意。

互动问答

大家是不是对重阳节有了一些了解呢？现在来和我一起看看后面的题目吧。

1. 重阳节，给家里的爷爷奶奶准备一张贺卡，写下一段祝福语送给老人家吧。

好耶！又可以扩展新知识了！

2. 重阳节在每年农历几月几日？为什么叫重阳？

3. 以下哪些不是重阳节的习俗？（ ）

A. 放风筝　　B. 赏菊　　C. 登高

答案

图书在版编目(CIP)数据

博物馆里的节日.重阳节/钱红主编.—武汉:武汉大学出版社,2023.5
湖北省博物馆少儿绘本丛书
ISBN 978-7-307-23746-9

Ⅰ.博… Ⅱ.钱… Ⅲ.节日—风俗习惯—中国—少儿读物 Ⅳ.K892.1-49

中国国家版本馆 CIP 数据核字(2023)第 078609 号

责任编辑:李 玚　　责任校对:李孟潇　　装帧设计:何家辉 赵 婷

出版发行:**武汉大学出版社** (430072 武昌 珞珈山)
(电子邮箱:whu_publish@163.com)
印刷:武汉市金港彩印有限公司
开本:880×1230 1/16 印张:25 字数:157 千字
版次:2023 年 5 月第 1 版 2023 年 5 月第 1 次印刷
ISBN 978-7-307-23746-9 定价:298.00 元(全 15 册)